INHALT

VORWORT: DIE MELODIE DEINES HERZENS

Liebe Leserin, lieber Leser,

Kennst du das auch? Eigentlich ist dein Leben ganz in Ordnung:
Du hast nette Freunde, du bist gesund, du machst Sport, du
unternimmst hin und wieder eine schöne Reise – und doch
fühlt sich alles ein wenig schal an. Irgendetwas fehlt. Es ist, als
würdest du die Dinge durch eine Glasscheibe wahrnehmen;
das wahre Leben findet ohne dich statt.

Vielleicht denkst du, du müsstest den Job wechseln, in eine
andere Stadt ziehen, öfter feiern, dich mehr anstrengen, oder
es sei dir einfach nicht bestimmt, glücklich zu ein. Aber das
alles ist es nicht. Denn der Weg zu Lebendigkeit und Zufriedenheit führt nach innen, zu deinem Herzen.

In jedem von uns schwingt ein inneres Lied und jedes Herz hat
seine ganz eigene Melodie. Diese Melodie ist Ausdruck unseres Selbst und sie verändert sich im Laufe des Lebens. Mal hat
sie einen dynamischen Rhythmus, zu anderen Zeiten besteht
sie aus vielen Pausen; mal erklingt sie in einer heiteren Dur-
Tonart, dann wieder in melancholischem Moll. Sie kann einem
Chanson gleichen oder einem Klagelied, einem Rap oder einer
Opernarie. Ihr Reichtum ist unerschöpflich, genau wie der
Reichtum des Lebens.

Ich unterrichte seit vielen Jahren Yoga und deshalb denken
viele in meinem Umfeld, ich hätte Harmonie und innere Gelassenheit gepachtet. Aber glaub mir, so ist es nicht! Auch ich

habe Phasen, in denen mir mein inneres Lied abhandenkommt und ich an den Tücken des Alltags zu verzweifeln drohe. Deshalb habe ich dieses Buch genauso für mich wie für dich geschrieben. Lass uns also gemeinsam aufbrechen, um die heilsame Kraft der Selbstfürsorge zu erfahren.

Selbstfürsorge bedeutet zu erkennen, was du brauchst, was du dir wünschst und was dir guttut. Es bedeutet, eine tiefe innere Verbindung zu dir selbst zu entwickeln. Statt dich für Fehler zu verurteilen, akzeptierst du dich liebevoll so, wie du bist. Doch Selbstfürsorge erfordert auch Mut. Denn um gut für dich zu sorgen, musst du Grenzen setzen und zu anderen Nein sagen können. Das ist kein Egoismus, sondern die Voraussetzung für ein Leben in wahrer Verbundenheit mit deinen Mitmenschen.

Der Weg der Selbstfürsorge ermöglicht dir, die ureigene Melodie deines Herzens wieder zu hören. Gelingt es dir, im Einklang mit dieser Melodie zu leben, erfährst du Leichtigkeit, Freude und Lebensfülle. Deshalb ist diese Melodie so unglaublich kostbar.

Nimm dir auf dem nun folgenden Weg alle Zeit, die du brauchst. Horch in dich hinein, umarm dich selbst, geh liebevoll mit dir um, entdecke deine Träume und gib dir die Erlaubnis, glücklich zu sein. Du hast es verdient, ein erfülltes Leben voller Liebe zu führen!

Ich freue mich auf unsere gemeinsamen Entdeckungen, deine Lena

Weshalb Selbstfürsorge so wichtig ist

Wir leben in einer Zeit unglaublicher Möglichkeiten und das ist großartig! Aber nicht immer können wir diese Möglichkeiten nutzen und das Leben genießen. Wir sind im Alltag ziemlich oft gestresst, fühlen uns unsicher oder ringen mit Selbstzweifeln. Lass uns also zunächst erforschen, welche Dinge dazu führen, dass wir die Verbindung zur Melodie unseres Herzens verlieren.

IM STRUDEL VON SOCIAL MEDIA & CO

Neulich war wieder so ein Tag: Ich wollte einer Freundin beim Umzug helfen, auf dem Markt einkaufen, einen Yoga-Workshop vorbereiten, meinem Patenonkel zum Geburtstag gratulieren, die Wohnung aufräumen, einen interessanten Magazinbeitrag lesen und mein Fahrrad zur Reparatur bringen. Bis auf das Fahrrad habe ich alle Dinge erledigt, aber genau das war ich am Abend auch: vollkommen erledigt.

Statt mich zu freuen, dass alles gut geklappt hatte, oder stolz auf mich zu sein, war ich abends unzufrieden. Obwohl ich so beschäftigt gewesen war, hatte ich das Gefühl, nichts getan zu haben. Den ganzen Tag über war ich in Eile gewesen, mein Kopf hatte funktioniert, der Körper auch, aber mein Herz war irgendwann ausgestiegen. Kein Wunder eigentlich.

Und doch passiert das vielen von uns fortwährend. Wir wollen zu viel, und zwar sofort, und vergessen dabei das Wichtigste: uns selbst. Wir sind so beschäftigt damit, viel zu leisten und die Erwartungen anderer zu erfüllen, dass wir unseren eigenen Rhythmus gar nicht mehr wahrnehmen. Wir funktionieren, aber wir sind nicht mit uns selbst verbunden. Und das macht müde und unzufrieden.

Ein anderer Stressfaktor sind das Internet und Social Media. Keine Frage, es ist wunderbar und inspirierend, über Facebook mit alten Freunden in Kontakt zu bleiben, online etwas zu recherchieren, per WhatsApp dem Partner schnell ein Foto zu schicken oder auf TikTok das neueste Video anzuschauen. Das alles bereichert unser Leben ungemein. Doch die Sache hat auch ihre Schattenseiten.

Das erste Problem besteht darin, dass all diese Tätigkeiten – auch wenn jede für sich genommen ganz schnell geht – im Laufe des Tages sehr viel Zeit fressen. Zeit, die uns für andere Dinge fehlt. Etwa für Freunde da zu sein, ein Buch zu lesen oder uns ein köstliches Essen zu kochen, statt schnell irgendwas runterzuschlingen.

Das viele Kommunizieren fördert zudem eine innere Unruhe, die es uns schwer macht, längere Zeit konzentriert bei einer Sache zu bleiben. Ständiges Checken von Textnachrichten und Feeds kann geradezu zu einer Sucht werden. Wir haben das Gefühl, uns immer mehr ranhalten zu müssen, um auf dem Laufenden zu bleiben, und doch fällt es uns schwer mitzuhalten. Puh, wie anstrengend!

Mithalten ist ein wichtiges Stichwort. Denn auf Social Media werden vor allem Erfolge präsentiert. Automatisch fangen wir an, uns zu vergleichen. Was haben die anderen, das ich nicht habe? Wieso wirkt deren Leben so viel bunter als meins? Auch wenn wir wissen, dass viele Posts geschönt sind, lassen wir uns von ihnen irritieren. Inzwischen ist wissenschaftlich erwiesen, dass ständiges Vergleichen unglücklich macht. Negative Gedanken nehmen überhand, wir werden neidisch, machen uns selbst klein und unser Energiepegel sackt deutlich ab.

Keine Sorge, ich will dir jetzt nicht verbieten, Social Media zu nutzen. Aber bitte gib gut auf dich acht und schau, dass du sie in einem Maße nutzt, das dir guttut!

NEGATIVE GLAUBENSSÄTZE UND SELBSTZWEIFEL

Nun weißt du einiges über äußere Faktoren, die dich von dir selbst entfremden können. Aber leider gibt es auch noch Hindernisse, die in uns selbst begründet sind.

Viele von uns haben negative Glaubenssätze verinnerlicht, die noch aus der Kindheit stammen. Eltern wollen das Beste für ihre Kinder, dennoch kommen ihre Botschaften beim Nachwuchs manchmal falsch an. Sagen wir, du hast als Kind aus Versehen die Milchflasche vom Tisch gestoßen und deiner gestressten Mutter entfährt es: »Ach, was bist du wieder tollpatschig!« Und seitdem gehst du durchs Leben mit dem Gefühl, unbeholfen zu sein und ständig Dinge kaputt zu machen.

So nistet sich manchmal im Bruchteil einer Sekunde ein Glaubenssatz ein, der das ganze Leben belasten kann. Typische Glaubenssätze lauten: »Ich bin nicht gut genug«, »Ich bin zu dick«, »Ich schaffe das nicht«, »Ich bin es nicht wert«. Diese Sätze sind unterschwellig ständig in dir präsent und vielleicht lässt du deshalb bestimmte Unternehmungen von vornherein bleiben. Das ist dramatisch, denn es verhindert deine Selbstentfaltung. Außerdem kostet es ganz schön viel Kraft, immerzu gegen negative Selbstbeschreibungen anzugehen. Durch Selbstfürsorge kannst du solchen Glaubenssätzen auf die Schliche kommen und ihnen durch Selbstakzeptanz und liebevolle Zuwendung den Wind aus den Segeln nehmen.

Während uns negative Glaubenssätze oftmals nicht bewusst sind, ist der innere Kritiker übermäßig präsent. Bei allen möglichen und unmöglichen Gelegenheiten erhebt er seine Stimme, äußert Zweifel und mäkelt an uns herum: »Das hat mal wieder viel zu lange gedauert.« »Der Text, den du geschrieben hast, ist unoriginell und peinlich.« »Denk bloß nicht, dass du mit der Masche durchkommst, du bist doch bloß ein Scharlatan.« Seiner Kritik fehlt häufig jegliche Grundlage, aber das spielt keine Rolle. Auch der innere Kritiker bremst uns aus und kostet unnötige Kraft.

Egal, ob du zu viel Stress hast oder unter der Fuchtel deines inneren Kritikers stehst – in beiden Fällen läufst du Gefahr, dich selbst zu verlieren. Dann sind Geben und Nehmen, Denken und Fühlen, Handeln und Sein aus der Balance geraten und das Leben wirkt öde und grau. Dabei könnte dein Leben bunt und voller Leichtigkeit sein.

Also komm, lass dich auf das Geheimnis der Selbstfürsorge ein und entwickle die innere Stärke, die es dir erlaubt, ein authentisches und glückliches Leben zu führen.

Das Geheimnis der Selbstfürsorge

Das Leben ist ein Labyrinth: aufregend, undurchschaubar und voller überraschender Weggabelungen. Du kannst den Wegweisern anderer folgen und versuchen, dich irgendwie durchzuwursteln. Oder du machst Selbstfürsorge zu deinem persönlichen Leitfaden, der dir hilft, bedingungslos Ja zu dir zu sagen und dich in deinem ureigenen Sein zu entfalten. Das ist nicht ichbezogen, sondern klug. Denn die wichtigste Beziehung in deinem Leben ist die Beziehung zu dir selbst.

DEINE BEDÜRFNISSE SIND DEIN INNERER KOMPASS

Wann hast du zuletzt innegehalten und dich gefragt, was du dir in diesem Moment wirklich wünschst? Weißt du überhaupt, was dir Freude macht und dein Herz zum Leuchten bringt? Als Kind wurde dir vielleicht ab und zu gesagt: »Jetzt reiß dich mal zusammen« und daraus hat dein kleines Kinderherz geschlossen, dass es sich selbst und die eigenen Bedürfnisse nicht so wichtig nehmen darf. Oje! So geht es leider vielen von uns, und seitdem kümmern wir uns eher um die Bedürfnisse anderer als um unsere eigenen. Doch ab heute ist Schluss damit!

Jeder Mensch hat ganz einzigartige Bedürfnisse: kleine Wünsche, große Wünsche, Sehnsüchte und Dinge, die er einfach braucht. Manche lieben Geselligkeit, andere fühlen sich alleine wohler; einige machen viel Sport, andere brauchen vor allem Ruhe. Aber eines ist uns allen gemeinsam: Wir sehnen uns nach liebevoller Anerkennung. Und indem du deine Bedürfnisse ergründest und pflegst, schenkst du dir selbst diese Anerkennung.

Deshalb lautet das allererste Gebot der Selbstfürsorge: Nimm deine Bedürfnisse ernst. Gib dir alle Zeit, die du brauchst, um in dich hineinzuspüren und deine Bedürfnisse zu erkennen. Falls du sie lange Zeit ignoriert hast, kann es sein, dass dir dies anfangs schwerfällt. Vielleicht denkst du dann: »Da ist nichts, ich habe gar keine Bedürfnisse.« Aber das stimmt nicht, hab einfach etwas Geduld. Wir alle haben Bedürfnisse; sie sind ein wesentlicher Aspekt des Menschseins, der uns zeigt, was für unser inneres Gleichgewicht nötig ist.

Der zweite Schritt ist: Akzeptiere deine Bedürfnisse. Punkt. Bewerte sie nicht, verurteile sie nicht und sage dir nicht, dass du lieber andere Bedürfnisse hättest. Bedürfnisse kann man sich nicht aussuchen.

Und schließlich geht es darum, deinen Bedürfnissen Raum zu geben. Scheu dich nicht, für sie einzustehen und sie entsprechend zu kommunizieren. Eine Freundin von mir war letzten Sommer mit ihrer Familie in Schweden. Sie tut alles für ihren Mann und ihre zwei Söhne und nimmt sich selbst oft zurück. Als die drei zur gefühlt hundertsten Wikingerstätte aufbrechen wollten, beharrte sie auf einem ruhigen Tag am Meer. Das fiel ihr richtig schwer. Aber sie brauchte einen Tag, um wirklich mal nichts zu tun. Und den anderen gefiel es am Ende auch.

Erlaube dir, für dein eigenes Wohlbefinden einzustehen.

Du hast das Recht, deine Bedürfnisse an erste Stelle zu setzen. Und du wirst sehen: Je konsequenter du dies tust, desto leichter fällt es dir und desto größer werden deine Selbstachtung und der Respekt seitens anderer sein.

DIE MAGIE DES ATEMS

Es gibt eine heilende Kraft, die du immer und überall bei dir hast: deinen Atem. Er ist die Lebenskraft schlechthin, denn atmen heißt leben. Mit deinem ersten Atemzug beginnt dein Leben und mit deinem letzten Atemzug hauchst du es aus. Viele halten das Atmen für etwas Selbstverständliches. Aber dadurch übersehen sie seine Magie.

Der Atem ist ein großer Brückenbauer. Nicht nur bewirkt er einen Austausch zwischen dir und deiner Umwelt – wir alle atmen die gleiche Luft ein und aus –, sondern er verbindet auch deinen Körper mit deinem Geist.

Deshalb können wir den Atem als Seismografen nutzen, denn er zeigt verlässlich an, wie es uns gerade geht. Im Schlaf geht unser Atem tief und regelmäßig. Wenn wir Sport treiben und uns anstrengen, ist er intensiv und wir geraten aus der Puste. Und wenn wir uns gestresst fühlen oder zu kopflastig unterwegs sind, wird unser Atem ganz flach. Letzteres ist natürlich nicht optimal, denn für unser körperliches und geistiges Wohlergehen brauchen wir viel frischen Sauerstoff.

Gewöhne dir an, deinem Atem Aufmerksamkeit zu schenken. Dann wird dir nicht nur bewusst, wie es dir gerade geht, sondern du kannst mit seiner Hilfe auch dein Befinden beeinflussen. Tatsächlich ist der Atem das einzige Mittel, mit dem du Einfluss auf dein vegetatives Nervensystem nehmen kannst. Dieses besteht aus Sympathikus und Parasympathikus. Grob gesagt repräsentiert der Sympathikus Aktivität und Stress, der Parasympathikus Regeneration und Ruhe. Wenn du also im Stress bist oder dir Angst die Brust zuschnürt, beginn tief und gleichmäßig zu atmen. Damit aktivierst du deinen Parasympathikus und du wirst ruhiger. Das ist ein ganz einfacher Akt der Selbstfürsorge und du wirst spüren, dass sich dein Zustand dadurch verbessert.

Auf unserer Reise zur Selbstliebe ist der Atem ein treuer Verbündeter. Betrachte ihn als einen Freund, der dir zur Seite steht, dich nährt und dich mit deinem Innersten in Kontakt bringt. Lerne, auf ihn zu hören. Nimm seine feinen Hinweise wahr und nutze seine magische Kraft, um gegen innere Anspannung und Unwohlsein vorzugehen.

ÜBUNG:
EINE WOHLTUENDE ATEMMEDITATION

Meditieren ist eine uralte Praxis, durch die Menschen ihr Innen-leben regulieren. Aber keine Sorge, Meditation ist nicht nur etwas für Erleuchtete oder Super-Yogis, sondern jeder von uns kann sich damit etwas Gutes tun.

Unter den unzähligen Varianten ist die Atemmeditation eine besonders leichte und zugleich wirkungsvolle Form von Meditation. Eine regelmäßige Praxis erlaubt dir, deinen Atem bewusster wahrzunehmen und besser in Kontakt mit deinen Bedürfnissen zu kommen. Du brauchst nichts weiter als etwas Ruhe und ein paar Minuten Zeit. Und du wirst erstaunt sein, wie entspannt du dich hinterher fühlst!

Such dir einen ruhigen Ort: Nimm einen bequemen Sitz mit aufgerichteter Wirbelsäule ein oder leg dich mit dem Rücken auf den Boden. Schließ die Augen. Lass alle Anspannung los. Lass es still werden.

Nimm deinen Atem wahr: Richte deine Aufmerksamkeit auf deinen Atem. Du atmest durch die Nase ein und durch die Nase wieder aus. Nimm wahr, dass die Luft, die du einatmest, kühler ist als die Luft, die du ausatmest. Jede Einatmung schenkt dir Sauerstoff und frische Energie, mit jeder Aus-atmung gibst du verbrauchte Luft frei.

Gib deinem Atem eine Qualität: Stell dir vor, dass du bei jeder Einatmung Liebe und Wohlwollen in dich aufnimmst und beim Ausatmen Ärger, Stress oder negative Gedanken loslässt. Atme eine Weile auf diese Weise weiter. An manchen Tagen verbindest du damit vielleicht bestimmte Dinge oder Gefühle, während du an anderen Tagen eher einem allgemeinen Wechselrhythmus folgst: Positives in dich aufnehmen, Negatives loslassen.

Abschweifen ist menschlich: Wahrscheinlich schweifen deine Gedanken relativ bald ab. Das ist ganz natürlich und überhaupt nicht schlimm. Kehr einfach wieder zu deinem Atem zurück und stärke durch jede Einatmung eine liebevolle Haltung zu dir selbst, die ein Gefühl der Wärme in dir auslöst.

Bedank dich bei dir selbst: Beende die Meditation, indem du beide Hände auf dein Herz legst und tief in dich hineinspürst. Bedank dich bei dir selbst für diese kleine Zeit der Selbstfürsorge und lass das warme Gefühl in deinem Inneren so lange wie möglich nachklingen.
Wichtig ist, dass deine Praxis Leichtigkeit und Freude hat.
An manchen Tagen will es einfach nicht klappen? Egal, probiere es am nächsten Tag einfach wieder und vertrau darauf, dass jede Praxis deine Selbstliebe ein kleines bisschen stärkt.

Deine **Bedürfnisse**
sind geheime
Botschaften
deiner Seele.
Nimm sie wahr –
sie sind der **Schlüssel**
zu deinem inneren
Wohlbefinden.

SELBSTREFLEXION ODER: ENTDECKE DICH SELBST!

Selbstreflexion bedeutet so viel wie über dich selbst nachzudenken. Aber nicht im Sinne von: »Muss ich mal wieder zum Friseur?« oder »Bei der letzten Netflix-Serie habe ich kaum ein Wort verstanden; mein Englisch war auch schon mal besser«. Vielmehr geht es um deine Bedürfnisse, deine Gedanken und deine Gefühle auf grundlegender Ebene.

Über Bedürfnisse haben wir bereits gesprochen. Wie wir gesehen haben, fällt es vielen von uns schwer, die eigenen Bedürfnisse überhaupt wahrzunehmen. Durch Selbstreflexion kannst du nun einen Schritt weiter gehen, indem du dich zum Beispiel fragst: »Warum ist es mir so wichtig, immer im Mittelpunkt zu stehen?« »Seit wann habe ich eigentlich diese negativen Gedanken, gibt es dafür einen Grund?« Oder: »Meine beste Freundin und ich haben uns voneinander entfernt. Liegt das an mir?«

Selbstreflexion heißt also, dir wirklich Zeit zu nehmen, um dich mit der Art, wie du bist, und dem, was du fühlst, zu beschäftigen. In aller Ruhe. Gib dich nicht mit der ersten Antwort, die in dir aufploppt, zufrieden, sondern forsche weiter. Vielleicht lautet deine Antwort zunächst: »Es fühlt sich eben einfach gut an, im Mittelpunkt zu stehen.« Aber wenn du weiterforschst, merkst du vielleicht: »Ich fühle mich wertlos und habe Angst, nicht beachtet zu werden. Deshalb tue ich alles, um die Aufmerksamkeit auf mich zu lenken.«

Ein Punkt ist an dieser Stelle ganz wichtig: Selbstreflexion ist nicht das Gleiche wie Selbstkritik. Selbstkritik benennt einen Missstand und zielt darauf ab, Dinge zu verändern. Aufrichtig betriebene Selbstreflexion ist hingegen eine liebevolle Einladung, dich mit ganz viel Verständnis und Liebe selbst kennenzulernen. Also zu sehen, was da überhaupt in dir ist, ohne zu werten oder zu urteilen.

Bei manchen Dingen erlangst du schnell innere Klarheit, andere Themen wirst du vermutlich länger mit dir herumtragen. Das gehört dazu. Es ist ein Prozess, der nie abgeschlossen ist. Wichtig ist, dass du es dir wert bist, dir dafür Zeit zu nehmen, denn Selbstreflexion ist ein weiterer Baustein einer liebevollen Beziehung zu dir selbst.

ÜBUNG:
DEIN REFLEXIONSJOURNAL

Schreibst du Tagebuch oder hast es früher mal getan? Wenn ja, dann weißt du bereits, wie wundervoll es sein kann, den eigenen Gedanken Ausdruck zu verleihen, ohne Adressaten oder Publikum. Das Reflexionsjournal hilft dir, eine liebevolle Praxis der Selbstreflexion zu verstetigen. Und die schriftliche Form erlaubt dir, zu einem späteren Zeitpunkt nochmals zu Gedanken zurückzukehren.

1. Dein Werkzeug: Leg dir ein schönes Notizbuch zu, das du gern in die Hand nimmst. Achte darauf, dass es innen so gestaltet ist, wie du es magst: Sind die Abstände der Linien weit genug oder bevorzugst du ganz freie Seiten? Außerdem brauchst du einen Stift, der mühelos über das Papier gleitet.

2. Reservier dir Zeit: Wenn du dir keine bestimmte Zeit reservierst, dann droht die Sache zu platzen, bevor sie überhaupt angefangen hat. Erfahrungsgemäß eignen sich die Zeiten nach dem Aufwachen oder vor dem Schlafengehen besonders gut. Das hängt natürlich auf davon ab, ob du eher ein Morgenmensch oder eine Nachteule bist. Aber Hauptsache, du bist ungestört.

3. Zentriere dich: Atme einige Male tief ein und aus, vielleicht magst du dabei die Augen schließen. Sammle dich. Spür in dich hinein und öffne dich innerlich für die Selbstreflexion. Dann wirst du merken, was heute dein Thema ist. Alles andere ist jetzt unwichtig.

4. Schreib frei drauflos: Öffne die Augen und beginn zu schreiben. Lass deine Gedanken frei fließen, bewerte nichts und setz den Stift nicht ab. Wenn eine Formulierung etwas schräg klingt, ist das egal. Du bist nicht im Rhetorikkurs, sondern willst deinen eigenen Empfindungen und Gedanken auf die Schliche kommen. Manchmal bringen ein Halbsatz oder ein Bild oder eine Metapher am treffendsten zum Ausdruck, was dich gerade beschäftigt.

5. Halte inne und denk nach: Irgendwann kommt der Punkt, an dem du beim Schreiben natürlicherweise innehältst. Atme wieder einige Male tief ein und aus. Dann lies dir das Geschriebene durch und reflektiere darüber. Trifft es wirklich den Kern der Sache? Warst du ehrlich? Welche Gefühle regen sich in dir? Beginn einen Dialog mit dir selbst und sprich mit dir, wie du es mit einem Menschen tun würdest, der dir am Herzen liegt. Sei liebevoll und unterstützend.

6. Die Reflexion reflektieren: Ein wenig Abstand ist manchmal hilfreich: Nimm hin und wieder dein Journal zu Hand und lies dir durch, was du in der Vergangenheit geschrieben hast. Gibt es so etwas wie Dauerthemen? Würdest du gewisse Aspekte inzwischen anders sehen?

Wenn du dein Reflexionsjournal regelmäßig befüllst und dabei absolut ehrlich bist, ist es ein geniales Mittel, dich selbst kennenzulernen. Nutze es, um innerlich zu wachsen, und freu dich, wenn du merkst, dass du besser für dich sorgst, weil du spürst, was in dir vorgeht.

ACHTSAMKEIT IST EIN WAHRES WUNDERMITTEL

Achtsam zu sein bedeutet, den gegenwärtigen Augenblick zu würdigen. Es bedeutet, dich selbst und dein Umfeld ganz bewusst und liebevoll wahrzunehmen, ohne die Dinge zu bewerten. Das klingt zunächst nach einer geringfügigen Veränderung gegenüber der Art und Weise, wie du sonst durch deinen Alltag gehst, und doch verändert sich dadurch so gut wie alles. Denn du bist auf eine grundlegende Weise anders ausgerichtet.

Schon die Weisen früherer Zeiten wussten, dass es uns gut geht, wenn wir einfach im Moment sind – sofern wir keine Schmerzen haben. Ganz präsent im Augenblick zu verweilen bedeutet, weder der Vergangenheit hinterherzutrauen, noch sorgenvoll in die Zukunft zu blicken. Wenn du dir erlaubst, einfach zu sein, spürst du den Reichtum deiner Existenz.

Wie das Atmen ist Achtsamkeit etwas, das dir immer zur Verfügung steht. Du brauchst keine besonderen Kenntnisse oder Skills und du kannst jeden Moment dafür nutzen. Für die Selbstfürsorge ist Achtsamkeit aus mehreren Gründen von unschätzbarem Wert: Du verlangsamst dein oftmals hektisches Tempo, du spürst, wie es dir geht, was du brauchst oder was gerade ansteht, und du nimmst viele kleine Dinge wahr, an denen du sonst vorbeirauschst.

Eine achtsame Ausrichtung schafft Raum fürs Spüren. Du lernst, auf die Signale deines Körpers und deine emotionalen Bedürfnisse zu hören. Somit verhilft uns Achtsamkeit dazu, wirklich in Kontakt mit uns selbst zu kommen. Wichtig ist, dass du all das nicht bewertest, sondern einfach liebevoll wahrnimmst: »So ist es also gerade«, »Das wünsche ich mir«, »Hier sind meine Grenzen«. Fast unbemerkt entwickelst du auf diese Weise mehr Verständnis, Freundlichkeit, Wertschätzung und Respekt – für dich selbst, aber auch für die Welt um dich herum.

Der Alltag bietet dir unzählige Gelegenheiten, um achtsam zu sein. Die folgenden nutze ich besonders gern, um mich mit der Schönheit des Augenblicks zu verbinden. Probier sie einfach mal aus oder finde eigene Achtsamkeitsmomente.

Achtsames Aufwachen: Spring nicht sofort unter die Dusche oder check deine E-Mails, sondern bleib noch einen kleinen Moment liegen. Wie fühlt sich dein Körper an? In welcher Stimmung blickst du auf den Tag? Nimm es wahr und starte dann in aller Ruhe in deinen Tag.

Achtsames Essen: Das Essen nährt uns nicht nur durch die Kalorienzufuhr, sondern auch durch viele sinnliche Reize. Nimm den Geruch und die Konsistenz der Speisen wahr. Kau gründlich und spür die Geschmacksvielfalt an deinem Gaumen. Wow – ein ganz anderes Erlebnis, oder?

Achtsame Erledigungen: Ob Arbeitsweg, Einkaufen oder Saubermachen – wir betrachten viele Dinge als lästige Pflicht. Dreh den Spieß einfach um: Putz deine Wohnung mit Hingabe, schwelg im Gemüseladen in der Vielfalt des Angebots oder nimm beim Fahrradfahren den kühlen Fahrtwind bewusst als erfrischend wahr. Mach aus dem Notwendigen etwas, das dir Freude bereitet.

Achtsamkeit
ist die Feier
des gegenwärtigen
Augenblicks.
Er ist der einzige,
den wir haben.

ÜBUNG:
EINE ACHTSAMKEITSMEDITATION FÜR DICH

Um den Augenblick in seiner ganzen Fülle zu spüren, lass dich auf die folgende Meditation ein. Wenn du sie regelmäßig durchführst, wird eine achtsame Lebenseinstellung allmählich zu einem Teil von dir selbst.

Finde einen ruhigen Ort: Stell sicher, dass du für eine Weile ungestört bist, und schalte auch dein Handy aus. Finde einen bequemen Sitz, bei dem du die Wirbelsäule mühelos aufrichten kannst. Wenn du körperlich geschwächt bist, kannst du dich auch lang auf dem Boden ausstrecken.

Verbinde dich mit deinem Atem: Schließ sanft die Augen und verbinde dich mit deinem Atem. Versuch nicht, ihn zu beeinflussen, sondern lass ihn frei fließen. Richte deine Aufmerksamkeit auf die Einatmung und auf die Ausatmung. Nimm die Qualität deines Atems wahr, aber verändere nichts an deiner Atmung. Sei einfach nur präsent.

Nimm deinen Körper wahr: Nach ein paar Atemzügen richte die Aufmerksamkeit auf deinen Körper. Wo berührt dein Körper den Boden, den Stuhl oder deine Unterlage? Wie fühlt sich das an? Gibt es irgendwelche Verspannungen? Spürst du in bestimmten Körperregionen deinen Atem?

Nimm dein Umfeld wahr: Weite nun deine Aufmerksamkeit auf deine Umgebung aus. Nimm eventuelle Geräusche oder einen Luftzug wahr. Lausche, spüre, beobachte.

Nimm deine Gedanken und deine Gefühle wahr: Kehr mit deiner Aufmerksamkeit nach innen zurück. Welche Gedanken sind da? Nimm sie einfach wahr. Gibt es Gefühle oder Gefühlsschattierungen, die dir begegnen? Nimm auch diese einfach wahr. Du brauchst nichts zu benennen, festzuhalten, zu verändern oder zu bewerten. Einfach wahrnehmen – das ist so wenig und doch so viel.

Kehr zu deinem Atem zurück: Schieb die Gedanken und Gefühle beiseite und wende dich erneut dem Atem zu. Nimm ihn für einige Atemzüge ganz bewusst wahr. Wenn du so weit bist, öffne die Augen und komm wieder im Raum an. Diese Meditation hilft dir, einen inneren Ort der Ruhe zu kreieren und dich mit dir zu verbinden. Sie ist eine einfache Achtsamkeitspraxis mit einer tiefgreifenden Wirkung.

SUBTIL, ABER KRAFTVOLL: SELBSTMITGEFÜHL

Wenn du so tickst wie ich, dann fällt es dir leicht, anderen ihre Schwächen oder Missgeschicke nachzusehen, aber dir selbst gegenüber bist du unerbittlich: »Wie konntest du nur so blöd sein?!«, empört sich dein innerer Kritiker. Es hagelt Selbstbezichtigungen und die Sache hängt dir noch Ewigkeiten nach.

Es ist also an der Zeit, dass wir über Selbstmitgefühl sprechen! Selbstmitgefühl ist eine der tiefsten Formen der Selbstfürsorge: Sie erlaubt uns, uns so anzunehmen, wie wir sind, mit Haut und Haar und allen inneren Abgründen.

Am Anfang steht die Erkenntnis, dass kein Mensch perfekt ist. »Ja ja«, denkst du jetzt vielleicht, »ist doch ein alter Hut«. Aber wenn dir das wirklich so klar ist, wieso verurteilst du dich dann für deine Fehler? Weshalb sind sie dir so unangenehm? Vermutlich gibt es also doch eine Stimme in dir, die findet, dass du perfekt sein solltest.

Also noch einmal: *Wir alle haben Schwächen. Wir alle machen Fehler. Wir alle täuschen uns hin und wieder. Wir alle übersehen Dinge. Wir alle sind mal missgünstig. Wir alle erleiden Niederlagen.* Willkommen im Klub!

Eine mitfühlende Haltung akzeptiert unsere Fehlbarkeit ohne Wenn und Aber. Sie ist bereit, alle Aspekte eines Menschen liebevoll anzunehmen, nicht nur die wünschenswerten. Selbstmitgefühl heißt, dass du dir mit Nachsicht, Verständnis, Güte und Freundlichkeit begegnest. Selbstmitgefühl bedeutet, dass du dir auch dann liebevoll zur Seite stehst, wenn du mit dir haderst: Du erkennst deine Gefühle an, vergibst dir deine Schwächen und spendest dir selbst Trost. Voller Liebe blickst du auf dein gequältes Herz und gibst ihm durch liebevolle Zuwendung neuen Mut.

Natürlich können wir nicht einfach beschließen, ab morgen ganz viel Selbstmitgefühl zu haben. So funktioniert das leider nicht. Selbstmitgefühl zu kultivieren erfordert Übung und braucht Zeit. Aber es lohnt sich. Denn nicht nur befreit es dich von dem Gedanken, anders sein zu müssen, als du bist, sondern es ermöglicht dir ebenso, anderen Menschen mit mehr Freundlichkeit und Verständnis zu begegnen.

Ein erster Schritt könnte sein, dass du im Laufe des Tages immer mal wieder beide Hände auf dein Herz legst, zu ihm hinspürst und ihm liebevolle Güte schickst. Für eine vertiefte Praxis empfehle ich dir das mitfühlende Selbstgespräch.

Selbstmitgefühl
und Mitgefühl
für andere sind

zwei Seiten
einer Medaille.

ÜBUNG:
DAS MITFÜHLENDE SELBSTGESPRÄCH

Selbstmitgefühl ist ein bisschen wie ein scheues Reh. Nähere dich ihm behutsam und dann staune über seine Schönheit.

Ein Ort der Wärme: Wähle einen ruhigen Ort und sorge dafür, dass du eine Weile ungestört bist; schalte auch dein Handy aus. Wichtig ist, dass du dich wirklich wohlfühlst. Finde einen bequemen Sitz und komm erst mal im gegenwärtigen Augenblick an. Nimm ein paar tiefe Atemzüge und entspann dich, so gut es geht.

Lass dein Thema kommen: Verweile einen Moment in Stille. In Kürze wird in dir eine Situation oder ein Gefühl auftauchen, das dich beschäftigt oder in letzter Zeit belastet hat. Nimm dieses Thema an, ohne es zu bewerten.

Das mitfühlende Selbstgespräch: Lass dich auf das Thema ein. Begegne ihm mit Liebe und Verständnis. Und nun tu so, als würdest du mit deiner besten Freundin sprechen. Was würdest du zu ihr sagen? Wie würdest du sie trösten oder versuchen, ihr zu helfen? Lass die Worte aus deinem Herzen kommen. Sag zum Beispiel: »Was du durchmachst, ist nicht leicht. Es ist verständlich, dass du dich so fühlst, wie du dich gerade fühlst. Du bist es trotzdem wert, geliebt zu werden.«

Nimm dir Zeit: Lass die Worte auf dich wirken. Spüre ihre Kraft und mach dir bewusst, dass du mit deinen Problemen und Gefühlen nicht allein bist. Wiederhole die liebevollen Sätze innerlich so lange, bis sie wirklich dein Herz erreichen. Manchmal ist es hilfreich, wenn du sie laut aussprichst.

Bedanke dich bei dir selbst: Wenn alles gesagt ist und du eine Verbindung zu den Worten spürst, komm zu einem Abschluss. Spür in dich hinein und danke dir selbst für diese Praxis. Es ist nicht selbstverständlich, sich so zu öffnen, wie du es getan hast. Bewahre die unterstützenden Worte in deinem Herzen. Sie sind immer für dich da, wenn du neuen Zuspruch brauchst. Echtes Selbstmitgefühl zu empfinden ist gar nicht so leicht. Deshalb gib nicht auf, wenn dich diese Übung beim ersten Mal nicht wirklich berührt. Mit der Zeit wird es dir immer leichter fallen, einen mitfühlenden Blick auf alle Aspekte deines Seins zu kultivieren.

Mut zur Selbstfürsorge

Du kannst stolz auf dich sein: Auf deiner Reise
zur Selbstfürsorge hast du bereits eine große
Wegstrecke zurückgelegt! Nun stehst du an einem
Punkt, der besonderen Mut erfordert.
Denn konsequent für dich zu sorgen bedeutet,
auch mal anzuecken. Du wirst Grenzen setzen und
zu anderen Nein sagen müssen. Das ist nicht immer
leicht, aber du wirst daran wachsen, neue Seiten an
dir entdecken und die Beziehung zu dir vertiefen.
Freu dich drauf!

GRENZEN SETZEN UND NEIN SAGEN

Meine Tätigkeit in der Medienbranche bringt es mit sich, dass ich oft mit interessanten, sympathischen Menschen zu tun habe. Das ist ein großes Glück. Aber hin und wieder gibt es natürlich Situationen, in denen mein Gegenüber und ich unterschiedlicher Auffassung sind. Da ich es am liebsten mag, wenn alles harmonisch zugeht, neige ich dazu, mich der Position des anderen anzuschließen. Oft ist das kein Problem, aber hin und wieder ärgere ich mich im Nachhinein darüber. Dann fühlt es sich an, als hätte ich mich selbst verraten, und ich denke, es wäre besser gewesen, einen Kompromiss zu schließen oder meine Ansicht durchzusetzen.

Lass uns also über Grenze sprechen. Welche Art von Grenze meine ich? Wenn zum Beispiel eine Kollegin deine Hilfsbereitschaft ausnutzt und dir dadurch Nachteile für deine eigene Arbeit entstehen. Oder wenn ein Freund dir so intensiv von seinen Problemen erzählt, dass es dich belastet. Das sind Situationen, in denen deine Grenzen verletzt wurden. Dann gilt es, deinem Gegenüber klarzumachen: bis hierhin und nicht weiter! Das kann durchaus zu Konflikten führen. Vielleicht ist der Freund beleidigt und wirft dir vor, du würdest ihn im Stich lassen. Aber da müsst ihr beide durch. Denn wenn deine innere Stimme dir sagt, dass es zu viel wird, solltest du unbedingt auf sie hören. Sie ist die notwendige Erinnerung daran, dass auch deine Gefühle und Bedürfnisse zählen. Sollten sich trotzdem Schuldgefühle in dir regen, erinnere dich daran, dass Selbstfürsorge nicht egoistisch ist.

Ähnlich ist es mit dem Nein-Sagen. »Nein« ist ein kleines Wort mit großer Kraft. Wenn du immerzu Ja sagst, kann das furchtbar anstrengend für dich werden. Denn es sind ja nicht deine Interessen, denen du zustimmst. Insofern ist ein freundlich geäußertes Nein gegenüber anderen oft ein respektvolles Ja zu dir selbst.

Bezeichnenderweise fällt vielen von uns sowohl das Grenzen-Setzen als auch das Nein-Sagen schwer. Wir leben in einer Gesellschaft, in der man stets verfügbar zu sein und zu funktionieren hat. Ein Nein ist dann wie Sand im Getriebe! Doch wenn du immerzu Ja sagst, fällst du irgendwann möglicherweise ganz aus und davon hat keiner etwas.

Daher ist es wichtig, das Grenzen-Setzen und Nein-Sagen zu üben und zu lernen, es als Werkzeug der Selbstfürsorge zu nutzen. Beides ist Ausdruck von Selbstrespekt und Selbstachtung. Damit sagst du: »Ich weiß, was ich brauche. Ich verdiene es, dass man mir mit Wertschätzung begegnet. Und ich liebe mich selbst genug, um sicherzustellen, dass das auch geschieht.«

Und noch etwas: Wenn du dich selbst respektierst und gut für dich sorgst, ist dies ein Zeichen für die Menschen in deinem Umfeld, dasselbe für sich zu tun.

ÜBUNG:
SO LERNST DU, NEIN ZU SAGEN

Nein zu sagen kann richtig, richtig schwer sein. Jemand bittet dich um etwas, was dir überhaupt nicht in den Kram passt, und dennoch hörst du dich brav »Ja« sagen. Später **könntest** du dich dafür in den Hintern beißen. Klar, hinterher weiß man es immer besser. Da die nächste Herausforderung dieser Art garantiert kommt, ist es gut, wenn du das Nein-Sagen vorab schon mal übst. Lass uns also ins Nichtschwimmerbecken gehen und dich für deine nächste Fahrt auf hoher See vorbereiten.

Such dir einen vertrauten Menschen: In dieser Übung geht es darum, dass du in einem sicheren Kontext übst, selbstbewusst Nein zu sagen. Also es klar und deutlich auszusprechen: »Nein«. Dafür brauchst du jemanden, dem du vertraust. Denn ein Rollenspiel ist viel wirkungsvoller, als wenn du dir eine Situation bloß vorstellst und im stillen Kämmerlein empört »Nein« rufst.

Wähle eine Situation: Vielleicht ist letzte Woche etwas passiert, wo du hättest Nein sagen sollen, oder dir fällt eine andere Situation ein, für die du gern üben möchtest. Es sollte eine Situation sein, die dir etwas bedeutet. Erzähl deinem Partner davon und mach ihm klar, worum es dir geht.

Das Rollenspiel: Nun könnt ihr die Situation durchspielen. Du bist dabei natürlich du selbst, während dein Partner die Person ist, zu der du gern Nein gesagt hättest. Lasst das Gespräch möglichst realistisch sein. Anfangs kommt ihr euch vielleicht etwas komisch vor und fängt an zu blödeln. In dem Fall brecht ab und beginnt nochmals von vorn. Es ist wichtig, dass ihr in eurem Rollenspiel die Situation ernst nehmt.

Nein sagen: Wenn ihr an dem Punkt angelangt seid, an dem du Nein sagen willst, spüre aufmerksam in dich hinein. Was fühlst du? Ist da ein klares Nein? Wenn du so weit bist, dann sag laut und deutlich »Nein«. Vielleicht hakt dein Partner nach und bittet dich, es zu begründen. Wenn du magst, probier, eine Antwort zu formulieren. Fass dich kurz und antworte, ohne dich dabei zu rechtfertigen.

Die Szene auswerten: Haltet beide einen Moment inne, damit du erneut in dich hineinspüren kannst. Was fühlst du: Erleichterung, Freude, Unbehagen, Schuldgefühle? Kannst du irgendwelche körperlichen Reaktionen feststellen, zum Beispiel ein Kribbeln im Bauch oder Enge im Brustkorb? Dann besprecht das Rollenspiel. Du beginnst, indem du deinem Partner erzählst, wie die Situation für dich war und was du jetzt empfindest. Anschließend sagt der andere, wie er euer Rollenspiel und dich darin wahrgenommen hat. Seid ehrlich, sonst bringt es überhaupt nichts.

Ihr könnt es bei dieser Situation belassen oder noch weitere Fälle durchspielen. Schau auch hier, wo deine Grenzen sind und ab wann es dir zu viel wird. Es ist ganz verständlich, wenn du dich bei dieser Übung zunächst etwas unsicher fühlst. Doch du wirst sehen: Mit der Zeit gelingt es dir immer besser, Grenzen zu setzen und, wenn es notwendig ist, auf überzeugende Weise Nein zu sagen.

Grenzen
zu setzen
ist ein
Ausdruck
von
Selbstachtung.

MUT LOHNT SICH:
10 POSITIVE AUSWIRKUNGEN

Deine Bemühungen, freundlich, aber bestimmt Grenzen zu
setzen, werden sich lohnen, das verspreche ich dir. Mit einem
Mal wirst du positive Veränderungen bemerken, die dein Leben
angenehmer machen. Hier sind die Top Ten:

1. Du stehst für dich selbst ein und verteidigst deine Rechte.
2. Es fällt dir leichter, Prioritäten zu setzen und mehr Raum für
   deine eigenen Wünsche und Bedürfnisse zu schaffen.
3. Grenzen zu setzen wirkt sich positiv auf deinen Energie-
   haushalt aus. Zum einen vermeidest du es, Dinge zu tun,
   die du nicht tun willst, zum anderen ärgerst du dich weniger
   über dich selbst und andere Menschen. Das reduziert
   Stress und verbessert deine psychische Verfassung.
4. Wer Grenzen klar und freundlich kommuniziert, wird von
   anderen respektiert. Es entstehen gesunde, gleichwertige
   Beziehungen.
5. Du bestimmst mehr über deine Zeit. Das eröffnet dir viele
   weitere Möglichkeiten, denn oftmals ist es Zeitmangel,
   der uns von Dingen abhält, für die wir wirklich brennen.
6. Gesunde Grenzen machen Schluss mit diffusen Schuld-
   gefühlen. Da du weißt, dass du dich aus gutem Grund
   abgrenzt und Nein sagst, werden diesbezügliche Unsicherheiten und Selbstvorwürfe hinfällig.

7. Grenzen, die rechtzeitig kommuniziert werden, beugen unangenehmen Situationen vor.
8. Grenzen helfen dir, in deiner Kraft zu bleiben und dein Leben selbstbestimmt zu gestalten.
9. Gelassenheit und innere Zufriedenheit sind die Folge eines klugen Umgangs mit Grenzen.
10. Indem du Grenzen setzt, praktizierst du unmittelbar Selbstfürsorge und legst die Basis für ein authentisches Leben.

VERBORGENE LEIDENSCHAFTEN TIEF IN DEINEM INNEREN

Ich hoffe, du hast inzwischen richtig Spaß daran gefunden, auf liebevolle und konstruktive Weise Grenzen zu setzen. Nicht aus eigennützigen Motiven, sondern um dir selbst und den Menschen um dich herum die Chance zu geben, eure Aufmerksamkeit auf Dinge zu lenken, die wertvoll, aber bislang unbemerkt sind.

Viele von uns streben nach einem abwechslungsreichen, erfüllten Leben. Erstaunlicherweise richten sich die Erwartungen dabei meistens auf äußere Entwicklungen. Welches ist das nächste elektronische Gadget, das uns noch mehr Möglichkeiten bietet? Wann werde ich endlich einen Partner finden, der mich glücklich macht?

Doch die wirklich spannenden Dinge kommen nicht von außen, sondern haben ihren Ursprung im Inneren. Gib ihnen Raum, und du wirst Erfahrungen machen, die dein Leben nachhaltig bereichern. Vielleicht denkst du jetzt: »Ist ja alles schön und gut, aber was sollen das denn für Dinge tief in mir drin sein? Und vor allem: Wie komme ich an sie heran?«

Das, was sich tief in uns verbirgt, sind unsere Interessen. Mehr noch, in jedem von uns schlummern wahre Leidenschaften! Leidenschaften sind Dinge, die uns fesseln und unser Handeln motivieren. Sie berühren eine Saite, die unser inneres Lied zum Klingen bringt. Und dieses Lied wartet nur darauf, dass es endlich erklingen darf!

Dabei kommt das Wundermittel der Achtsamkeit ins Spiel. Achtsamkeit bedeutet, dass du dich wertfrei auf den gegenwärtigen Moment einlässt. Dass du dich öffnest und spürst, was in dir vorgeht. Dass du deine Sinne für subtile Regungen schärfst. Und auf einmal beginnen dein Körper und dein Herz mit dir zu kommunizieren. Sie geben dir Zeichen, sodass du merkst, was dich wirklich bewegt und begeistert.

Vielleicht spürst du, dass du mehr mit den Händen machen möchtest, statt den ganzen Tag auf einen Bildschirm zu starren. Vielleicht wandelt sich der nahe gelegene Park von einer Jogging-Strecke zu einem Raum unendlich kostbarer Naturerfahrungen. Nimm dir Zeit, sei neugierig und bewerte nichts, dann entdeckst du innere Leidenschaften, die dir bislang verborgen waren.

Nimm sie ernst und gib ihnen Raum, sie drängen nach Entfaltung. Sie sind dein inneres Feuer – eine Energiequelle, die dir auch in schwierigen Zeiten anhaltend Kraft spendet.

Bleib neugierig
und vertrau darauf,
dass das
Feuer deiner
Leidenschaft
eines Tages
hell leuchten
wird.

ÜBUNG:
ENTFACHE DEIN INNERES FEUER

Es kann verschiedene Gründe geben, weshalb dein inneres Feuer noch nicht so recht flackert. Aber es ist nie zu spät, es zu entfachen. Du weißt ja inzwischen, dass es sich lohnt. Auch bei dieser Übung gilt: Sei offen und geduldig – in der Stetigkeit und im Vertrauen liegt die Kraft.

Finde einen ruhigen Ort: Sorge dafür, dass du eine Weile ungestört bist, schalte dein Handy ab und mach es dir bequem. Es spielt keine Rolle, ob du die Übung im Sitzen oder im Liegen machst; Hauptsache, du bist entspannt.

Verbinde dich mit deinem Atem: Schließ die Augen. Richte die Aufmerksamkeit auf deinen Atem. Lass den Atem frei und natürlich fließen, ohne ihn zu beeinflussen. Gib dir Zeit, ganz im gegenwärtigen Augenblick anzukommen.

Mach dich auf die Reise: Wenn du bereit bist, stell dir vor, dass du dich innerlich auf eine Reise zu deinem Herzen begibst. Was dich dorthin trägt, ist der Atem. Mit jedem Atemzug gelangst du tiefer in dein Inneres hinein.

Entfache die Flamme deines Herzens: In jedem Herzen brennt eine Flamme. Sie steht für deine innere Leidenschaft, deine Energie, deine Motivation. Es kann sein, dass du diese Flamme kaum spürst, da sie nur wenig glimmt. Aber sie ist immer da! Nutze deinen Atem wie einen Blasebalg: Jede Einatmung und jede Ausatmung lassen deine innere Flamme stärker und heller werden.

Entdecke deine Leidenschaft: Spür die Energie des Feuers und genieß die Wärme, die dein Herz und deinen gesamten Körper durchströmt. Lass deinem Inneren Zeit, um sich dir mitzuteilen. Gibt es Bilder, die in dir auftauchen? Manchmal empfangen wir klare Botschaften und Hinweise, ein andermal eher einen diffusen Impuls.

Kehr zurück in die Gegenwart: Verabschiede dich liebevoll von der Flamme deines Herzens. Bedanke dich bei ihr dafür, dass es sie gibt, und sag ihr, wie kostbar sie für dich ist. Versprich ihr, dass du dich um sie kümmern wirst. Dann kehr langsam wieder zurück und öffne die Augen.

Dieses innere Licht ist ein wertvoller Schatz. Es ist die Quelle deiner Energie und Leidenschaft. Indem du dir die Mühe machst, deine innere Flamme zu entfachen, erwachst du zu wahrer Lebendigkeit und beschenkst dich und andere mit positiver Energie und Lebensfreude.

Selbstfürsorge ganz konkret

Du hast dich dem Weg der Selbstfürsorge anvertraut und bereits die eine oder andere Übung erfolgreich gemeistert – dennoch kann es sein, dass du den Eindruck hast, nicht weiterzukommen. Dein Alltag ist oft zäh und du fragst dich, ob das mit der Flamme der Leidenschaft alles nur Hokuspokus war. Halte durch! Die folgenden Lifehacks werden dich ganz konkret weiterbringen.

LIEBEVOLL FÜR DICH SORGEN

Wenn du einen Hund hast, tust du alles, damit es ihm gut geht. Du gibst ihm Futter und Wasser, achtest darauf, dass er genügend Bewegung bekommt, kämmst sein Fell und entfernst Zecken, gehst mit ihm zum Tierarzt, spielst mit ihm und streichelst ihn. Am Bauch gekrault zu werden ist für deinen Hund angenehmer als der Besuch beim Tierarzt, aber beides ist Teil dessen, dass du für ihn sorgst. »Fürsorge« meint also verschiedene Dinge: sich kümmern (füttern), pflegen (kämmen), Verantwortung übernehmen (Tierarzt), verbunden sein (spielen). *Selbst*fürsorge heißt nichts anderes, als dass wir in all diesen Hinsichten gut für uns selbst sorgen. Klingt einfach, ist aber ziemlich schwer. Hastig stürmen wir morgens ohne Frühstück los zur Arbeit. Den Schmerz im Bein ignorieren wir so lange, bis er unerträglich ist und der Arzt sorgenvoll den Kopf schüttelt. Und Dinge, die uns entspannen, müssen sich sowieso hintanstellen. Wie soll es uns da bloß gelingen, die Melodie unseres Herzens erklingen zu lassen?

Bevor wir ein paar richtig gute Selbstfürsorge-Hacks untersuchen, ist hier eine kleine Checkliste, die dir helfen kann, im Alltag besser für dich zu sorgen. Jeder Punkt darauf ist eine Einladung zu einem liebevollen Umgang mit dir selbst. Vergiss nicht: Du bist es wert, dich zum Mittelpunkt deines Lebens zu machen!

1. **Geh freundlich mit dir selbst um:** Sei nicht so streng zu dir, nimm deine Stärken wahr und überleg dir jeden Abend zwei Dinge, die dir tagsüber gut gelungen sind. Freu dich über sie.
2. **Achte auf deine Ernährung:** Nimm gesunde, frische Nahrungsmittel zu dir, verzichte auf industriell hergestellte Produkte. Sorge auf deinem Speiseplan für Abwechslung. Iss abends nicht zu spät und zu schwer. Trink 1,5 bis 2 Liter Wasser am Tag.
3. **Beweg dich regelmäßig:** Treib Sport, steig öfter mal aufs Fahrrad, unternimm längere Spaziergänge. Bewegung macht munter und hält gesund.
4. **Ein machbares Tagespensum:** Sei realistisch bei deiner Tagesplanung. Frag dich, welche deiner Vorhaben wirklich wichtig sind, und schenk diesen deine volle Aufmerksamkeit.
5. **Kultiviere deine Interessen:** Wir Menschen brauchen Inspiration, sonst verkümmern wir. Schau dir eine Doku-Sendung an, lies ein Buch, plane eine schöne Reise. Es gibt so viele spannende Dinge auf der Welt!
6. **Pflege den Kontakt zu lieben Menschen:** Ob durch ein persönliches Treffen, ein Telefonat oder eine kurze Text-nachricht – zeig deinen Lieben, dass du sie schätzt und an sie denkst.
7. **Gib Körper und Geist die Ruhe, die sie brauchen:** Schlaf dich aus, verbring einen Tag auf dem Sofa, erlaube dir zu tagträumen. Lass Stille zu: Verzichte ab und zu ganz auf Gespräche, Musik oder Lektüre.
8. **Verbinde dich regelmäßig mit dir selbst:** Meditiere. Horch in dich hinein, nimm deine Gefühle und Gedanken wahr. Finde heraus, was dir wirklich Freude macht.

VOM UMGANG MIT ZEIT

So, nun sind wir bei den Dingen angekommen, die großen Einfluss auf die Selbstfürsorge haben, unabhängig davon, ob uns dies bewusst ist oder nicht. Der erste Aspekt, den ich mit dir besprechen möchte, ist Zeit. Zeit ist wertvoll, doch wir gehen nicht achtsam mit ihr um und leiden unter den Folgen. Manche sind durch Zeitmangel im Dauerstress, anderen geht dadurch der Sinn ihres Handelns abhanden.

Viele von uns haben ein Problem mit Zeit. Sie scheint immer zu knapp zu sein: Wir bräuchten noch eine Woche länger, um ein Projekt abzuschließen, wir **würden gern mehr Zeit mit unseren Kindern verbringen.** Aber Zeit kann uns auch durch ihre Fülle erdrücken: Wenn wir sehnsüchtig auf die Rückkehr eines geliebten Menschen warten, wenn wir krank oder traurig sind und der Tag sich ins Unendliche ausdehnt.

Eins ist klar: Sofern du immerzu mit der Zeit haderst, hat Selbstfürsorge so gut wie keine Chance. Deshalb lohnt es sich, dein Verhältnis zur Zeit unter die Lupe zu nehmen.

Zeit, Geld, Energie: Mach dir bewusst, dass ein enger Zusammenhang zwischen Zeit, Geld und Energie besteht. Beim Arbeiten tauschen wir in der Regel unsere Zeit und Energie gegen Geld. Mit Geld können wir uns wiederum Zeit kaufen, zum Beispiel wenn wir uns Essen liefern lassen, statt selbst zu kochen, oder wenn wir einen Babysitter anheuern, damit wir ins Kino gehen können. Das Prinzip Dienstleistung also. Bei den meisten von uns sind die finanziellen Mittel begrenzt, dennoch lohnt es sich, dir zu überlegen, ob du hin und wieder durch den Einsatz von Geld etwas mehr Zeit für dich gewinnen kannst.

Verantwortung und Zeitsouveränität: Wenn du immerzu unter Zeitdruck stehst, liegt der Verdacht nahe, dass du nicht wirklich Verantwortung für deine Zeit übernimmst, sondern andere darüber bestimmen lässt. Verantwortung heißt: Du unterscheidest zwischen wichtig und unwichtig, setzt Prioritäten, bist in der Lage, Nein zu sagen, und machst genügend Pausen, um deine Energie zu erhalten. All das führt zu Zeitsouveränität.

Entschleunigen: Wenn wir sehr viel zu tun haben, erledigen wir die Dinge oft hektisch und unkonzentriert, weil wir gedanklich schon bei der nächsten Sache sind. Paradoxerweise geht es oft schneller, wenn wir uns Zeit nehmen und uns ganz auf die jeweilige Tätigkeit einlassen. Das führt zu besseren Ergebnissen und ist befriedigender.

Zeitvampire: Manche Menschen sind echte Zeitvampire. Sie interessieren sich nur für sich und texten das Gegenüber mit ihren Problemen zu. Nach der Begegnung fühlt man sich vollkommen ausgelaugt. Finde heraus, wer in deinem Leben ein Zeitvampir ist, und begrenze den Kontakt aufs Minimum.

Die Qualität der Zeit: Jeder Tag hat 24 Stunden, aber nicht jede Stunde hat die gleiche Qualität. Überlege dir, welche Tätigkeiten oder Situationen für dich besonders wertvoll sind, und gib ihnen in deinem Leben mehr Raum. Das lässt sich vermutlich nicht sofort umsetzen, aber wichtig ist, dass du weißt, was dich nährt und worauf du hinarbeitest.

Übernimm
Verantwortung
für deine Zeit.
Sie ist das
Kostbarste,
das du hast.

ÜBUNG:
EIN KLEINER ZEIT-WORKSHOP

Gönn dir den Luxus und nimmt dir Zeit für einen Zeit-Workshop! Ideal ist ein ganzer Tag, an dem du keine anderen Verpflichtungen hast. Das Ziel des Workshops ist zu erkennen, wofür du deine Zeit aufwendest, und zu lernen, Verantwortung für sie zu übernehmen. Den wichtigsten Schritt hast du bereits getan, indem du bereit bist, für dich selbst zu sorgen. Mach dir zu allen Themenblöcken Notizen und leg nach jedem eine kleine Pause ein.

Die Wunschliste: Frag dich zunächst, wofür du gern mehr Zeit haben würdest. Sport? Kreativität? Freunde treffen? Nach Afrika trampen? Eine neue Sprache lernen? Erstell eine Liste und mal dir die Dinge innerlich aus. Überleg dir, weshalb du sie dir wünschst. Ergänze die Liste in der nächsten Zeit fortlaufend. Diese Liste macht dir bewusst, dass du mehr bist als dein Alltags-Ich; außerdem stecken hinter durchgeknallten Wünschen manchmal sinnvolle Ziele.

Deine Gewohnheiten: Verschaff dir einen Überblick über deine Gewohnheiten. Wie sieht dein Tagesablauf aus? Ist er sinnvoll oder wäre es für dich besser, wenn du beispielsweise die Reihenfolge änderst? Wenn du also nicht erst die Wohnung aufräumst und dich danach an den Schreibtisch setzt, sondern die frische Energie für die Schreibtischarbeit nutzt und anschließend die Wohnung putzt.

Zeitfresser: Welche Dinge kosten dich unnötig Zeit? Daddelst du viel auf deinem Smartphone herum? Vielleicht kannst du manche Aufgaben gebündelt erledigen – statt also jeden Tag ein Hemd zu bügeln, bügle in einem Rutsch mehrere (oder gib die Hemden gleich zur Reinigung). Denke dich in Ruhe in diese Frage hinein. Manche Zeitfresser sind schwer zu identifizieren.

Zeit ist endlich: Obwohl wir alle wissen, dass wir eines Tages sterben, tun wir oft so, als hätten wir unendlich Zeit zur Verfügung. Das ist fatal. Der englische Journalist Oliver Burkeman hat ein Buch darüber geschrieben, dass das Leben eines Menschen im Durchschnitt 4000 Wochen währt. Schluck! Das ist auf einmal ziemlich wenig, oder? Und während du dieses Buch liest, liegen viele Wochen bereits hinter dir. Mach dir bewusst, wofür du deine Zeit wirklich aufwenden möchtest, und feier jede einzelne Woche für das, was sie ist: ein kostbarer Teil deines Lebens.

Ein Resümee ziehen: Beende deinen Workshop damit, dass du deine Notizen sichtest. Die Themen, mit denen du dich beschäftigt hast, sind sehr unterschiedlich. Such dir eins aus, das dich spontan anspricht, und integriere die gewonnenen Einsichten oder nötigen Veränderungen in deinen Alltag.

GUTER SCHLAF
IST WICHTIG

Schläfst du gut ein und wachst morgens ausgeruht auf? Wenn ja, herzlichen Glückwunsch! Du gehörst zu einer Minderheit. Den meisten Menschen fällt es schwer, ein- oder durchzuschlafen; sie bekommen zu wenig Schlaf und quälen sich morgens aus dem Bett. Die häufigsten Ursachen von Schlafmangel sind Sorgen und Stress.

Dabei ist die Bedeutung eines gesunden Schlafs kaum zu überschätzen. Der Schlaf versorgt uns nicht nur mit frischer Energie, sondern ist auch wichtig für die körperliche Gesundheit. Während des Schlafs regenerieren sich das Gedächtnis, die Muskeln, Knochen und Organe; die Immunabwehr arbeitet auf Hochtouren. Chronischer Schlafmangel kann zu ernsthaften Erkrankungen **führen**, die von Depression bis zur Herzinsuffizienz reichen.

Willst du gut für dich sorgen, musst du sicherstellen, dass du ausreichend schläfst. Nur dann kannst du Selbstliebe entwickeln und praktizieren, worüber wir gesprochen haben: Selbstreflexion, Achtsamkeit, Selbstmitgefühl, Nein-Sagen und klug mit deiner Zeit umgehen.

Jeder hat beim Schlaf eigene Schwachstellen. Beispielsweise hat sich mein Schlaf enorm verbessert, seit ich nur noch entkoffeinierten Kaffee trinke. Damit ernte ich zwar verächtliche Blicke im italienischen Restaurant, aber das ist es mir wert. Schau doch mal, welche der folgenden zwölf Impulse deinen Schlaf verbessern können. Und selbst falls du bereits bestens schläfst, experimentiere damit – das bringt Abwechslung in deine Gewohnheiten.

1. Dein Schlafzimmer sollte ruhig, dunkel und kühl sein, also nicht wärmer als 16 bis 20 Grad. Falls Lärm und Helligkeit ein Problem sind, besorg dir Ohrstöpsel und eine Schlafbrille.
2. Idealerweise ist dieser Raum wirklich nur zum Schlafen da (oder um Sex zu haben), ohne Schreibtisch, Fernseher oder Fitnessgerät.
3. Nimm deine letzte Mahlzeit circa ein bis zwei Stunden vor dem Schlafengehen ein.
4. Körperliche Bewegung fördert den Schlaf. Falls du tagsüber dafür keine Zeit hattest, geh abends eine Runde um den Block.
5. Trink nach 14 Uhr keinen Kaffee. Der Körper braucht sehr lange, um dessen anregende Stoffe abzubauen.
6. Auch Nikotin und Alkohol sind am Abend ungünstig.
7. Gib deinem Organismus Zeit, um herunterzufahren. Statt bis kurz vorm Einschlafen auf das bläuliche Licht eines Tablets zu starren, zünde dir lieber eine Kerze an und genieß ihr warmes Licht.
8. Mach ein paar sanfte Yogaübungen und atme dabei tief und gleichmäßig. Insbesondere Vorwärtsbeugen haben eine beruhigende Wirkung.
9. Nimm ein heißes Bad mit Bittersalzen. Das entspannt deine Muskeln und dein Nervensystem.
10. Kamillentee ist stresslindernd. Trink aber nicht zu viel, sonst musst du nachts zu oft auf die Toilette.
11. Massiere vor dem Schlafengehen deine Fußsohlen mit Sesamöl. Das wärmt, beruht deine Nerven und führt nebenbei zu himmlisch zarten Fußsohlen.
12. Wenn dir vor dem Einschlafen etwas einfällt, das du dir unbedingt merken willst, schreib es auf. Sonst hält dein Geist diesen Gedanken fest und hindert dich dadurch am Einschlafen.

Wenn du
schläfst,
tust du das
Richtige.

DIE KRAFT DER DANKBARKEIT

Da du dieses Buch liest, nehme ich an, dass du einen Sinn für die positiven Energien des Lebens hast. Dennoch kennst vermutlich auch du Phasen, in denen du vor allem das Negative siehst. In denen sich deine Aufmerksamkeit auf das richtet, was nicht geklappt hat, was fehlt oder was früher mal besser war. Manchmal ist es wie verhext und es fällt einem schwer, aus diesem Tunnel wieder rauszukommen. Dennoch ist es leichter, als du vielleicht denkst.

Das Zauberwort lautet Dankbarkeit. Dankbarkeit entspringt dem Herzen und ist eine universelle Kraft, auf die wir immer und überall zugreifen können. Sie ist die innere Ausrichtung auf das Positive, ganz unabhängig davon, wie es einem gerade tatsächlich geht – ob man gesund oder krank ist, arm oder wohlhabend. Dankbarkeit hat nichts mit Logik oder Gerechtigkeit zu tun, sondern ist eine Sache des Fühlens.

Wir können für alles Mögliche dankbar sein: für unsere Freundschaften, Gesundheit, die Schönheit der Natur, unsere geliebte Katze, ein überraschendes Geschenk, die liebevolle Aufmerksamkeit unseres Partners, eine berufliche Herausforderung, das Leben an sich, einen farbenfrohen Sonnenuntergang, die Beilegung eines Streits, eine feine Tasse Tee, unseren Glauben oder dafür, in einem Land zu leben, in dem kein Krieg herrscht.

Lass uns versuchen, Dankbarkeit noch etwas näher zu bestimmen. Sie hat mit Fühlen zu tun, doch sie geht darin nicht auf. Dankbarkeit ist eine innere Haltung, eine Form des Anerkennens. Wer dankbar ist, weiß, dass er etwas erhalten hat, das nicht auf ihn allein zurückgeht. Er erkennt seine Einbettung in einen größeren Sinnzusammenhang. Und das sagt ihm nicht sein Kopf, sondern sein Herz.

Dankbarkeit ist Ausdruck einer umfassenden Wertschätzung, die dir inneren Reichtum beschert. Sie ist vergleichbar mit der Zufriedenheit, die eine Empfindung der Fülle ist. Zudem führt Dankbarkeit dazu, dass du immer mehr Dinge entdeckst, für die du dankbar sein kannst. Dadurch wird auch die Welt zu einem schöneren, reicheren Ort.

Wenn du Dankbarkeit noch bewusster in dein Leben einladen möchtest, überleg dir vor dem Schlafengehen drei Dinge, für die du an diesem Tag dankbar bist. Zähl sie nicht bloß auf, sondern spür in jedes mit deinem Herzen hinein. Und wenn du genau hinhörst, kannst du dabei den Klang deines inneren Lieds vernehmen.

Lass dein inneres Lied erklingen!

Der Weg der Selbstfürsorge, auf dem du seit einiger Zeit unterwegs bist, ist eine besondere Reise. Statt Berge zu besteigen oder Sehenswürdigkeiten zu besichtigen, hast du dich immer wieder deinem Herzen zugewandt – dem Ort, an dem dein inneres Lied seinen Ursprung hat. Nun bist du bereit, dieses Lied wahrzunehmen. Lausche achtsam der Melodie deines Herzens, sie handelt von Leichtigkeit und Freude, Freiheit und Glück.

DIE ENTSCHEIDUNG, GLÜCKLICH ZU SEIN

Wenn du mal wieder mitten im Alltagstrubel steckst und alles etwas zu viel ist, denkst du vielleicht, dass das Glück nie an deine Tür klopfen wird. In solchen Momenten wirkt das Glück wie eine entfernte Belohnung, die du dir hart erarbeiten musst. Falls du gerade etwas dünnhäutig bist, stürzt dich dieser Gedanke möglicherweise in eine Krise, denn du bist dir sicher, dass dir das nie gelingen wirst. Zu allem Übel meldet sich dann noch dein innerer Kritiker und kräht, du hättest es ohnehin nicht verdient, glücklich zu sein.

In Wahrheit ist Glück kein Ziel, keine Belohnung und kein Luxus, der nur einigen wenigen vergönnt ist. Es ist ein Zustand, eine Haltung, ein Gefühl, das in jedem von uns schlummert. Wir brauchen es bloß zu wecken.

Doch was tun wir? Wir denken, wir seien es nicht wert, glücklich zu sein, oder erwarten umgekehrt, dass uns das Glück auf einem Silbertablett serviert wird. So pendeln wir zwischen Verzagtheit und Hybris und türmen zwischen uns und dem Glück Hindernisse auf, neben denen die Chinesische Mauer wie eine Playmobil-Mauer wirkt.

Die gute Nachricht lautet: Du kannst all das beiseitefegen, indem du dir einfach die Erlaubnis gibst, glücklich zu sein. Das ist eine bewusste Entscheidung. Ja, du hast richtig gehört, nimm dir ruhig einen Moment Zeit, um diese Einsicht sacken zu lassen: *Glück ist etwas, wofür du dich entscheidest.*

Nur du kannst diese Entscheidung fällen. Dich fürs Glück zu entscheiden heißt nicht, dass du Schwierigkeiten leugnest, sondern dass du auch in schweren Zeiten bewusst eine positive

innere Haltung einnimmst. Der Weg der Selbstfürsorge hat dich bestens auf diese Entscheidung vorbereitet. Du hast gelernt, deine Bedürfnisse wahrzunehmen und dir selbst mit liebevoller Zuneigung und Mitgefühl zu begegnen. Du kannst Grenzen setzen und weißt, dass Selbstrespekt und Selbstliebe wichtig für dein Wohlergehen sind. Deshalb kannst du nun voller Überzeugung sagen: »Ich erlaube mir, glücklich zu sein.«
Diese Entscheidung ist Ausdruck von Freiheit und Selbstver-antwortung. Es geht nicht darum, perfekt zu sein. Auch nicht darum, das Glück ein für alle Mal wie einen Siegerpokal nach Hause zu tragen. Das Leben wird dich immer mit Herausforde-rungen, Schmerzen, Zweifeln und Unsicherheiten konfrontieren. Dennoch gibst du dir selbst die Erlaubnis, die schönen Momente zu genießen und das Glück zu umarmen. Und je stärker du auf dich und dein Glück vertraust, desto mehr Glück wirst du in die Welt tragen.

Glück fällt dir
nicht in den Schoß,
sondern du musst

dich bewusst
für dein Glück

entscheiden.

GLÜCKS-LISTE I

Was ist überhaupt Glück? Darüber haben sich schon die antiken Philosophen den Kopf zerbrochen. Und so richtig scheint die Frage bis heute nicht geklärt zu sein. Deshalb ist es vielleicht sinnvoller, zu fragen: Was macht glücklich? Das ist konkreter und hilft uns zu erkennen, dass Glück kein geheimnisvolles Etwas ist, sondern aus lauter kleinen glücklichen Momenten besteht.

Hier ist eine Liste mit Dingen, die wohl die meisten Menschen glücklich machen:

1. Zeit mit Menschen verbringen, die man liebt
2. Sport machen
3. In den Bergen wandern
4. Eis essen
5. Ein Lieblingslied hören
6. Am Wochenende lange schlafen
7. Ein Fest feiern
8. Reisen
9. Herzhaft lachen
10. Einen feuerroten Sonnenuntergang anschauen
11. Ein Tier streicheln
12. Etwas Neues lernen
13. Yoga machen
14. Ein unerwartetes Kompliment bekommen
15. Einem Hobby nachgehen
16. Gut essen
17. Etwas erledigen, das man lange aufgeschoben hat
18. Jemandem helfen
19. Ausgelassen tanzen

20. Einen guten alten Freund wiedersehen
21. Siesta halten
22. Etwas Kreatives schaffen
23. Einen Strandspaziergang machen
24. Alte Fotos ansehen und die Erinnerungen genießen
25. Stille

Welche Punkte auf der Liste sprechen dich besonders an? Weshalb? Es lohnt sich, wenn du dich damit beschäftigst, was dich glücklich macht. Damit verankerst du den Anspruch, glücklich zu sein, in deinem Inneren und schärfst deine Wahrnehmung für die vielen kleinen Glücksmomente des Lebens. Sie lauern überall.

GLÜCKS-LISTE II

Durch die Glücks-Liste I bin ich so richtig in Fahrt geraten. Ständig sind mir weitere Sachen eingefallen, die einen glücklich machen können. Deshalb ist hier noch eine zweite Liste mit etwas ungewöhnlicheren Glücksmachern:

1. Einen Tag lang barfuß gehen
2. Alte Kleidung in ein neues Kleidungsstück upcyceln
3. Einer Freundin per Post einen Brief schicken, ohne dass es einen besonderen Anlass gibt
4. Sich im Wald wie ein Baum verwurzeln und die Energie der Erde spüren
5. Einen Tag lang alles rückwärts machen: Abendessen zum Frühstück, Frühstück zum Abendessen ...
6. Einen Purzelbaum schlagen
7. Die Haare einmal vollkommen anders stylen und damit vor die Tür gehen
8. Mit seinem Partner das Ja/Nein-, Schwarz/Weiß-Spiel spielen: Wer als Erster eins dieser Wörter benutzt, hat verloren.
9. Einen völlig fremden Tanzstil zu Hause ausprobieren
10. Einen kleinen Bereich der Wohnung anders gestalten
11. Für 24 Stunden auf alle elektronischen Geräte verzichten: Handy, Toaster, Fernseher, Radio, Rasierapparat, Föhn, Kaffeemaschine ...
12. Sternbilder identifizieren und sich für jede Konstellation eine Geschichte ausdenken
13. Einen Tag lang kein einziges Mal auf die Uhr schauen
14. Eine Reise in ein imaginäres Land planen, inklusive Reiseroute, Unterkünften und Aktivitäten vor Ort

15. Dem Regen lauschen und dabei eine Tasse Tee trinken
16. Dem ersten Menschen, dem du morgens auf der Straße begegnest, ein Kompliment machen
17. Eine Speisezutat auf ganz neue Weise verwenden, z. B. Rosenkohl-Kuchen, Bratensoße mit Erdbeermarmelade …
18. Blind Date mit einem Buch: Ein Buch kaufen oder ausleihen, ohne den Titel oder den Klappentext zu kennen
19. Ein selbst erfundenes Ritual feiern
20. Glücks-Wichteln: den Nachbarn unbemerkt eine kleine Aufmerksamkeit in den Briefkasten oder in den Fahrradkorb legen

Das Ungewöhnliche ist überraschend und Überraschungen können auf ganz spezielle Weise glücklich machen. Auch das Unbequeme macht mitunter großen Spaß. Der Tag, an dem ich als Rechtshänderin versucht habe, alles mit links zu tun, war nicht nur schräg, sondern echt lustig. Was reizt dich auszuprobieren? Wo endet deine Komfortzone?

Sei eine
Detektivin.
Entdecke die
verborgenen
Glücksmomente
des Lebens.

ÜBUNG:
SETZ EINFACH DEINE GLÜCKSBRILLE AUF

Leg dir eine Glücksbrille zu. Sie verändert deine Wahrnehmung und hilft dir, das Glück, das dich umgibt, aber sich manchmal beharrlich vor dir versteckt, ganz neu zu entdecken. Außerdem hat ein kleiner Perspektivwechsel bisher noch niemandem geschadet!

Deine Glücksbrille: Es kann entweder eine Sonnenbrille, eine reguläre Sehhilfe oder eine Faschingsbrille sein. Ob sie dir steht, ist in diesem Fall vollkommen unerheblich – Hauptsache, du spürst es, wenn du die Brille aufsetzt.

Vorbereitung: Nimm dir einen Moment Zeit, um deine Glücks-brille – und dich selbst – richtig einzustellen. Setz dich hin, schließ die Augen und verbinde dich mit deinem Atem. Stell dir vor, dass deine Brille magische Kräfte hat. Durch sie erscheint alles heiter, positiv und unkompliziert. Negative Wahrnehmun-gen haben bei ihr keine Chance, denn sie ist wie ein Filter, der nur erfreuliche Eindrücke durchlässt.

Ein anderer Blick: Setz die Glücksbrille auf und öffne die Augen. Schau dich aufmerksam um. Deine Umgebung ist noch die gleiche, aber jetzt du trägst ja deine Glücksbrille! Sei dir dessen voll bewusst und betrachte alles um dich herum durch diesen Positiv-Filter.

Der Glücksspaziergang: Behalte die Brille auf und lauf ein wenig herum. Du kannst durch deine Wohnung spazieren oder ins Freie gehen. Wichtig ist, dass du alles in dem Bewusstsein anschaust, dass du durch deine Glücksbrille schaust. Versuche, Dinge zu entdecken, die dich erfreuen oder bereichern; Glück hat so viele Facetten. Vielleicht ist es der Abendhimmel oder die Farben eines Buchcovers oder die schöne Handschrift auf der Postkarte, die du an diesem Tag bekommen hast.

Auswertung: Schreib alles auf, was dir durch die Glücksbrille besonders positiv aufgefallen sind. Überleg, ob du diese Dinge ohne deine Brille genauso wahrgenommen hättest und welche davon du vermutlich übersehen hättest. Mach dir bewusst, dass wir selbst entscheiden, das, was uns guttut, in unserer Wahrnehmung zuzulassen.

SELBSTAKZEPTANZ: SO WIE DU BIST, BIST DU GENAU RICHTIG

Selbstakzeptanz bedeutet, dich so anzunehmen, wie du bist. Mit all deinen liebenswerten Eigenschaften, aber auch mit deinen Absonderlichkeiten. Mit deinen Stärken und deinen Schwächen. Mit deiner Heiterkeit und deiner Trauer. Du hast verstanden, dass es im Leben nicht um Perfektion geht, sondern um Freude, Wagnisse, Verbundensein und Lebendigkeit.

Bedingungslose Selbstliebe: Liebe dich selbst ohne Vorbehalt. Egal, welche Fehler du in der Vergangenheit begangen haben magst, akzeptiere deinen Wesenskern. Wir alle machen mal etwas falsch, aber Fehler definieren nicht unseren Wert.

Steh zu dir selbst: Mach dich frei von den Erwartungen und Meinungen anderer. Selbst wenn dir der Wind kräftig entgegenbläst – du kennst dich selbst und weißt, dass du dich auf deinen inneren Kompass verlassen kannst.

Meide Vergleiche: In einer Welt, die uns ständig dazu auffordert, uns mit anderen zu vergleichen, steht liebevolle Selbstakzeptanz dafür, den eigenen Weg zu gehen, ohne sich durch andere aus der Ruhe bringen zu lassen.

Radikale Ehrlichkeit: Du kannst dich nur aufrichtig akzeptieren, wenn du radikal ehrlich zu dir selbst bist. Das schließt deine Gefühle mit ein. Statt unangenehme oder unerwünschte Gefühle wegzuschieben, lass sie zu. Sie sind nun mal ein Teil des menschlichen Daseins.

Die eigene Lebensreise wertschätzen: Jeder hat seine eigene Lebensgeschichte, geprägt von Höhen und Tiefen und ungezählten Herausforderungen. Sie macht uns zu dem Menschen, der wir sind. Es ist wichtig, diesen individuellen Weg anzuerkennen und zu schätzen.

Frei vom inneren Kritiker: An diesem Punkt hat dein innerer Kritiker keine Chance mehr. Wenn er etwas an dir auszusetzen hat, lachst du ihm einfach ins Gesicht.

Feiere dich: Feiere das, was du bist – ein einzigartiges Wesen mit Stärken, Schwächen und unendlichem Potenzial!
Das Ringen um Selbstakzeptanz ist ein Prozess, der dein Leben lang anhält. Es wird immer mal wieder Phasen geben, in denen du irgendetwas an dir lieber anders hättest.
Verurteile dich nicht für diesen Impuls, sondern nimm auch ihn einfach an. Indem du dich selbst voll und ganz akzeptierst, entfaltest du ein Maß an Selbstfürsorge, das weit über äußere Handlungen hinausgeht.

Selbstakzeptanz ist der Schlüssel zu Selbstvertrauen, innerem Frieden und einem erfüllten Leben.

ÜBUNG:
AFFIRMATIONEN FÜR DIE LIEBEVOLLE SELBSTAKZEPTANZ

»Affirmation« bedeutet so viel wie »Bestätigung« oder »Bejahung«. Affirmationen sind kraftvolle Sätze, die wiederholt ausgesprochen werden, um das Unterbewusstsein neu auszurichten und innere Kraft zu entfalten. Sie sind das Gegenmittel zu negativen Glaubenssätzen. Deshalb spielen Affirmationen eine ganz zentrale Rolle, wenn du ein positiveres Selbstbild und mehr Selbstakzeptanz entwickeln möchtest.

Such dir einen ruhigen Ort: Nimm einen bequemen Sitz mit aufgerichteter Wirbelsäule ein oder leg dich mit dem Rücken auf den Boden. Schließ die Augen.

Verbinde dich mit deinem Atem: Atme ein paar Male tief ein und aus und richte die Aufmerksamkeit auf deinen Atem. Mach dies so lange, bis du merkst, dass sich der übliche Gedankensturm in deinem Kopf gelegt hat und du in diesem Moment angekommen bist.

Wähle eine passende Affirmation: Affirmationen sind besonders effektiv, wenn sie wirklich zu deiner jeweiligen Situation und Stimmung passen. Hier sind einige Vorschläge für Kraftsätze. Vielleicht spricht dich einer davon spontan an oder du entwickelst einfach deinen eigenen. Es ist sinnvoll, dich in jeder Praxis auf eine Affirmation zu konzentrieren.

- Ich liebe und akzeptiere mich so, wie ich bin.
- Ich trage alles in mir, um zufrieden zu sein.
- Jeder Tag bietet mir neue Möglichkeiten, mich selbst zu lieben.
- Ich sage rückhaltlos Ja zu mir.
- Ich erkenne meine Stärken und meinen Wert.
- Ich betrachte mich selbst als einzigartiges Geschöpf.
- Ich bin genug, genau so, wie ich bin.
- Jeder Teil von mir verdient Liebe und Wertschätzung.

Aussprechen und wiederholen: Sprich deine Affirmation aus – entweder laut hörbar oder innerlich nur für dich. Wichtig ist, dass du deine innere Haltung ganz auf den Kraftsatz ausrichtest. Fühle dabei die Bedeutung jedes Wortes. Gib jeder ausgesprochenen Affirmation Raum, um in dir nachzuhallen. Wiederhole diesen Vorgang mehrmals.

Das Lichtbad: Stell dir nun vor, die Affirmation stecke in jedem Strahl der Sonne, die liebevoll auf dich herabscheint. So hüllt dich deine Affirmation in helles Licht und lädt deinen Geist und jeden Bereich deines Körpers mit positiver Energie auf. Fühle, wie du dadurch innere Stärke gewinnst.

Bedank dich bei dir: Atme erneut einige Male tief ein und aus und komm zu einem Abschluss. Danke dir für diese kostbare Praxis der Selbstfürsorge.
Praktiziere deine Affirmationen so regelmäßig wie möglich, im Idealfall einmal am Tag. Möglicherweise spürst du anfangs einen kleinen Widerstand, weil die Sätze für dich so ungewohnt sind. Sprich die Affirmationen trotzdem aus. Mit der Zeit wird sich dein Unterbewusstsein an die positiven Gedanken gewöhnen und sie in dein Selbstbild integrieren.

EIN GANZ NEUER BLICK
AUF DEIN LEBEN

Nun sind wir am Ende dieses Buches angelangt und ich danke dir von Herzen, dass du dich so offen auf den Weg der Selbstfürsorge eingelassen hast! Es bedeutet mir unendlich viel, den Schatz der Selbstfürsorge mit anderen zu teilen in der Hoffnung, dass er ganz viele Menschen bereichert und wir gemeinsam die Freude, die Liebe und das Mitgefühl auf der Welt mehren.

Selbstfürsorge ist das Tor zu innerer Gelassenheit, Unabhängigkeit, Glück und Lebendigkeit. Nichts davon ist dir dauerhaft garantiert – es wird immer wieder Zeiten geben, in denen dir die Selbstfürsorge abhandenzukommen droht. Doch nun hast du einen treuen Verbündeten an deiner Seite – den Atem – und du kennst viele praktische Tipps und Übungen, die dir helfen werden, dich immer wieder liebevoll mit dir selbst zu verbinden.

Wir könnten auch sagen, dass Selbstfürsorge eine Lebenseinstellung ist. Sie zeigt sich daran, dass du dir mit Freundlichkeit und Mitgefühl begegnest und dich so akzeptierst, wie du bist. Du ruhst stärker in dir, weil du dich selbst an die erste Stelle setzt. Du lauschst in dich hinein, kennst deine Wünsche und sorgst gut für dich selbst.

Und wenn dein Herz spürt, dass du dich liebevoll um seine Bedürfnisse kümmerst, entspannt es sich. Es merkt, dass es sich entfalten darf, und beginnt sein Lied anzustimmen. Zunächst ganz vorsichtig und zart, doch je tiefer deine Verbundenheit zu deinem inneren Wesen ist, desto reiner erklingt das Lied deines Herzens. Diese Melodie versetzt all deine positiven Seiten in Schwingung. Deine innere Ausrichtung auf das Gute verstärkt sich und du bekommst einen vollkommen neuen Blick auf dich selbst, das Leben und deine Mitmenschen. So erklärt sich, was zunächst wie ein Paradox wirkt: Indem du dich konsequent um deine eigenen Bedürfnisse kümmerst, wächst deine Verbundenheit mit anderen. Gerade weil du so mitfühlend mit dir selbst umgehst, bist du in der Lage, aufrichtiges Mitgefühl für andere zu empfinden.

Deshalb sollten dein eigenes Wohl und deine innere Balance immer an erster Stelle stehen. Nur so kannst du dein ureigenes Potenzial entfalten, ein authentisches Leben führen und der Welt das Beste von dir geben.

Liebevolle **Selbstfürsorge** ist eine lebenslange Aufgabe. Lass dich auf sie ein, dein **Herz** wird es dir danken.

ÜBER DIE AUTORIN

Lena Sonnenmüller ist seit vielen Jahren in der Medienbranche tätig. Aus beruflichen Gründen hat es sie nach München verschlagen – eine glückliche Fügung, denn sie liebt die Natur und das Wandern in den Alpen. Seit über zehn Jahren unterrichtet sie nebenher Yoga, was sie aber keineswegs gegen die Anfechtungen des Alltags feit. Die Selbstfürsorge hat ihr einen Weg aufgezeigt, mit inneren und äußeren Herausforderungen liebevoller umzugehen. Mit ihrem Erstlingswerk »Hör auf dein inneres Lied« möchte sie diese Entdeckung mit anderen Menschen teilen.

MEHR ENERGIE,
MEHR WOHLBEFINDEN!

ISBN 978-3-8338-7041-5

ISBN 978-3-8338-8233-3

ISBN 978-3-8338-8606-5

ISBN 978-3-8338-9066-6